AF343766

8° G Lic
1543

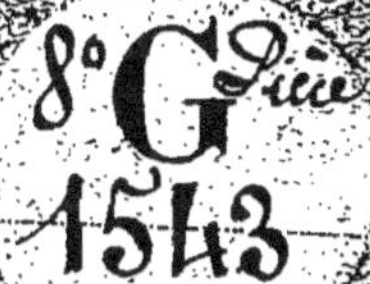

C. MARINESCO

Maître de conférences à la Faculté des Lettres
de Bucarest

La Catalogne et l'Arménie au temps de Jacques II (1291-1327)

Envoi par le roi Ochin des reliques de sainte
Thècle à la cathédrale de Tarragone. —

EXTRAIT DES *Mélanges de l'École Roumaine en France*, II.

PARIS
Gamber, 7, Rue Danton, éditeur
1923

*A la Bibliothèque nationale
de la part d'un de ses
anciens lecteurs.   C. M.*

C. MARINESCO

Maître de conférences à la Faculté des Lettres
de Bucarest.

DON
188149

La Catalogne et l'Arménie au temps de Jacques II (1291-1327).

— Envoi par le roi Ochine des reliques de sainte Thecla à la cathédrale de Tarragone. —

EXTRAIT DES „*Mélanges de l'École Roumaine en France, II*".

PARIS
— Gamber, 7, Rue Danton, éditeur —
1923

DU MÊME AUTEUR:

Alphonse V, roi d'Aragon et de Naples, et l'Albanie de Scanderbeg, Paris, Gamber, 1923. (Mélanges de l'École Roumaine en France, I).

Le Prêtre Jean. Son Pays. Explication de son nom, Bucarest, Cultura Naţională, 1923 (Académie Roumaine; Bulletin de la Section historique, t. X).

La Catalogne et l'Arménie au temps de Jacques II (1291-1327).

— Envoi par le roi Ochine des reliques de sainte Thecla à la cathédrale de Tarragone. —

A la suite de l'armée des croisés les marchands de l'Occident: Vénitiens, Génois, Pisans, Florentins, Provençaux, Catalans, vinrent installer leurs comptoirs sur tout le littoral où aboutissaient les routes de commerce reliant la Méditerranée à l'Asie centrale et aux Indes.

Les villes maritimes de la Petite-Arménie attirèrent, grâce à l'excellente situation de ce pays bordant le golfe d'Alexandrette, un nombre considérable de Vénitiens et de Génois, d'abord, et d'autres marchands de l'Occident, par la suite.

La domination musulmane, s'étendant de l'Indus à l'Euphrate, avait créé une unité territoriale extrêmement favorable aux caravanes qui faisaient la liaison entre l'intérieur de l'Asie, les Indes et la Méditerranée orientale.

Des conventions passées entre les souverains

de la Petite-Arménie et les émirs d'Alep, les
khalifes de Bagdad, les sultans de Konieh
(Iconium), avaient dirigé vers leurs ports le
courant commercial qui traversait toutes ces
contrées pour venir aboutir au littoral mé-
diterranéen.

Les bonnes relations existant entre les rois
arméniens, le pape, l'empereur allemand et,
en général, avec les petits états voisins des
croisés, favorisèrent, d'autre part, l'établisse-
ment dans les ports arméniens de Tarse,
d'Adana et surtout dans celui de Lajazzo
(Aïas, aujourd'hui Youmourtalik) de colonies
importantes des marchands occidentaux.

Ce furent surtout, comme partout ailleurs,
Venise et Gênes qui réussirent à faire les
transactions les plus fructueuses et, en même
temps, à obtenir le plus de faveurs des rois
arméniens.

En mars 1201 les Génois obtenaient déjà
un privilège de commerce du premier roi de
la Petite-Arménie, Léon I (1196-1219)[1]. Neuf
mois plus tard, les Vénitiens jouissaient de
la même faveur.

C'est à partir de ce moment qu'on peut
suivre de plus près tout ce qui put permettre
une prise de contact plus étroit entre l'Occident et ce petit royaume dont l'organisa-
tion rappelait tant celle des formations po-
litique des croisés.

---

[1] Les années de son règne d'après K. J. Basmadjian, *Chronologie de l'histoire d'Arménie*, Paris, 1915, p. 9.

Dans les ports de Lajazzo, de Tarse, d'Adana, les marchands des villes italiennes, provençales, catalanes, venaient chercher des épices, des pierreries, des soies grèges, des tissus de l'Inde et de l'Iran, des draps, des tapis de Perse et du coton du pays[1].

Ce ne fut que quelques dizaines d'années après que les Vénitiens et les Génois eussent obtenu leurs privilèges que les Catalans réussirent à en avoir un aussi.

Ce fut le roi Léon II (1270-1289) qui le leur accorda, à une date que nous ne saurions pas préciser.

Mais il présentait une particularité qui créait toute sorte de difficultés aux marchands catalans qui trafiquaient dans les ports de la Petite-Arménie : Comme il était rédigé en arménien, comme, d'autre part, on n'avait trouvé personne en Catalogne capable d'en

[1] Pour les détails concernant les relations de commerce entre l'Occident et la Petite Arménie v. V. Langlois, *Mémoire sur les relations de la république de Gênes avec le royaume chrétien de la Petite-Arménie pendant les XIII et XIV siècles*, Turin, 1861; le même, *Le trésor des chartes d'Arménie*, Venise, 1863; *L'Armeno-Veneto, compendio storico e documenti delle relazioni degli Armeni coi Veneziani*, 2 vol., Venezia, 1893; W Heyd, *Histoire du commerce du Levant au Moyen-Age*, 2 vol., Leipzig, 1885—1886, (I, 365—372; II, 73—92 [surtout pp. 80—92]); cf. A Schaube, *Handelsgeschichte der romanischen Völker des Mittelmeergebietes bis zum Ende der Kreuzzüge (Handbuch d. mittelalt. u. neuer. Gesch. de Below et Meinecke)*, München-Berlin, 1906, pp. 218—220; Fr. Tournebize, *Histoire polit. et religieuse de l'Arménie*, t. I, Paris, 1910, pp. 201—5; J. de Morgan, *Histoire du peuple arménien*, Paris, 1919. pp. 199-200.

faire une copie[1], les navigateurs de Barcelone devaient l'avoir toujours sur eux au moment où ils abordaient dans les villes arméniennes.

Lors d'une intervention faite le 23 juillet 1297 par Jacques II d'Aragon (1291-1327) auprès du roi Hétoum II d'Arménie (1289-1297) en faveur de quelques marchands catalans qui partaient vers le dernier pays ayant à leur tête un Barcelonais, Guillem Pere de Ferrerons, le souverain aragonais lui rappelait ce privilège et le priait d'en observer les prescriptions comme il l'avait déjà fait jusqu'alors, nonobstant l'impossibilité dans laquelle se trouvaient les marchands de le lui présenter.

En effet, il se trouvait, juste à se moment, sur un autre navire qui devait partir primitivement vers l'Arménie, mais qui, en cours de route, avait mis le cap sur un port byzantin[2].

---

[1] Dans son intervention le roi d'Aragon disait:

„... *quia quidam mercatores, navigantes in quadam navi barchinonensi ad partes Erminie supradictas pro hostendendis libertatibus et franquitatibus supradictis, asportaverunt secum privilegium supradictum cum ipsius transumptum habere non possent, quia in terra nostra per aliquem trans/sumi/ non potuit, cum erit scripta (sic) Erminiorum littera que apud omnes in nostris partibus penitus ignoratur...*"

Pour d'autres privilèges rédigés aussi en arménien et accordés à d'autres marchands occidentaux, v. Langlois, *Le trésor, passim*.

[2] *Archivo de la Corona de Aragón* de Barcelone, reg. 252, fos 168 v°-9, (v. plus loin pièce justificat. no. 2).

L'année précédente — en janvier — un navire catalan chargé de coton appartenant à la compagnie des Peruzzi de Florence, était arrivé d'Arménie à Otrante où on l'avait confisqué. Le 24 janvier le roi Jacques II, se trouvant alors à Rome, intervenait en faveur du

La mention de ce privilège montre que les Catalans avaient réussi, bien que plus tard, tout aussi bien que les Génois et les Vénitiens, à s'assurer des avantages dans les ports arméniens [1].

Du reste Jacques II ne s'était pas contenté des prescriptions du privilège accordé par Léon II, puisque, lors de l'ambassade qu'il envoya en novembre 1293 au khan Gaïkhatou, il priait les rois d'Arménie et de Chypre d'accorder aux marchands catalans des foundouks ou des quartiers spéciaux dans leur pays et, en même temps, de diminuer encore d'avantage les taxes qu'ils devaient payer dans leurs ports.

Le roi d'Aragon aurait voulu encore que les Catalans fussent libres de sortir de Chypre et d'Arménie avec toutes les marchandises qu'ils n'auraient pas pu y vendre, sans payer des taxes spéciales, sauf pour le cas où ils se seraient dirigés vers des pays ennemis [2].

Sous le règne d'Ochine (1308 - 1320) ils obtinrent, à une date indéterminée, les mêmes

---

navigateur catalan et des Florentins auprès de son frère Frédéric II, roi de Sicile. *Archivo de la Corona de Aragón, Cartas reales diplomaticas,* no 297. (v. plus loin pièce justificat. no. 1) La lettre a été analysée aussi par H. Finke, *Acta Aragonensia,* t. II, Berlin-Leipzig, 1908, p. 742, *n.* 4. Mais F. s'est trompé de quantième en mettant le 7 au lieu du 24 janvier 1296

[1] Cela infirme l'assertion de Morgan *(op. cit,* 200) d'après laquelle les marchands catalans n'auraient jamais joui de privilèges commerciaux en Arménie.

[2] M. F. de Navarrete, *Disertación historica sobre... los Españoles en las guerras de Ultramar... (Memorias de la Real Acad. de la historia,* t. *V),* Madrid, 1817. p. 177; cf. Heyd, II, 88.

privilèges que les Provençaux et les Narbonnais[1]. Vers le milieu du XIV-e siècle, les Catalans, les marchands originaires de Provence
et ceux faisant partie de la compagnie florentine des Peruzzi avaient une situation privilégiée dans les ports d'Arménie, puisqu'ils
ne payaient que deux pour cent, tandis que
d'autres étaient tenu à une taxe double[2].

* * *

Cette fréquentation des villes arméniennes
par les Catalans, le contact étroit des souverains du petit royaume avec le monde des
croisés, amena Jacques II à penser à une
expédition destinée à délivrer la Terre Sainte.
Pour cela il crut nécessaire une alliance avec
le rois d'Arménie, avec Chypre et, enfin, avec
le khan mongol lui-même, d'autant plus que
l'inclination de ce souverain envers le christianisme ou la cause chrétienne ne faisait plus
de doute en Occident[3].

Un Catalan, Pere Desportes, quittait Barcelone le 10 novembre 1293 pour aller en
Chypre, en Arménie et en Perse, chez le
khan Gaïkhatou[4]. Il devait se renseigner

---

[1] Finke, II, 742, no. 2.

[2] *L'Armeno-Veneto*, II, 177; Heyd, *loc. cit.*

[3] V. pour cette croyance généralement répandue en Occident mon étude, *Le Prêtre Jean. Son pays. Explication de son nom*, Bucarest, 1923, *(Académie Roumaine ; Bulletin de la Section historique* t. X) *passim*; cf. N. Iorga, *Les Arméniens et les Roumains, une parallèle historique* (en roumain), Bucarest, 1913, p 18.

[4] Pour les relations entre les rois d'Arménie et les khans mongols de Perse, antérieures à cette ambassade de Jacques II, v. Iorga, *Les Arméniens*, loc. cit.

sur la situation de la Terre Sainte et les
forces que les souverains de ces trois pays
auraient été disposés à rassembler en vue
d'une expédition commune contre les Mu-
sulmans.

Jacques II aurait voulu débarquer sur les
côtes d'Arménie où il croyait pouvoir ren-
contrer les contingents mongols.

Dans ce but, il demandait au khan un sauf-
conduit pour son armée, l'assurance qu'elle
aurait pu s'approvisionner dans ses posses-
sions et, en même temps, la permission pour
les Grecs et les Arméniens qui auraient
voulu combattre sous sa bannière, de pouvoir le faire sans difficulté.

Il proposait aussi le partage des terres qu'on
aurait éventuellement conquises ensemble, pro-
portionnellement au nombre des soldats ap-
portés par chacun [1].

Si le roi d'Aragon ne participa pas aux
luttes qui s'ensuivirent entre les Mameluks,
d'un côté, les khans, alliés des rois de Géor-
gie, de Chypre, d'Arménie, des Hospitaliers
et des Templiers [2], de l'autre, cela ne l'em-
pêcha guère de faire une nouvelle offre au
khan Ghazan (1295-1304) en 1300.

Un Catalan, habitant de Barcelone, Pere
de Solivera, allait, au mois de mai de cette

---

[1] Navarrete, 175—7.

[2] V. pour ces luttes N. Jorga, *Philippe de Mézières (1327—1405)
et la croisade au XIVe siècle*, Paris, 1896, *(Bibl. de l'Éc. des H.
Études,* fasc. 110), 34-5.

année, vers le lointain pays du khan avec une mission précise de la part de Jacques II, bien décidé cette fois à continuer la tradition de croisade de sa dynastie.

Ghazan était considéré par le roi d'Aragon comme l'envoyé choisi par Dieu pour détruire les ennemis qui s'étaient emparés de la Terre Sainte.

En sa qualité de successeur d'une lignée de rois qui avaient conquis la majeure partie de leurs territoires sur les Sarrasins, Jacques II se croyait obligé à entreprendre une expédition en vue de la délivrance de la Terre Sainte.

Dans ce but il offrait à Ghazan des navires et un contingent de soldats qui était déjà prêt. Il profitait, en même temps, de cette circonstance pour demander au khan, en cas de victoire, la liberté de pélerinage aux Lieux Saints pour tous les chrétiens de l'Occident [1].

Mais toute sorte de mésintelligences et de troubles intérieurs en France, où on pensait aussi à une croisade, empêchèrent pour le moment, le départ d'une expédition vers l'Orient [2].

---

[1] A. de Capmany, *Memorias históricas sobre la marina, comercio y artes de la antigua ciudad de Barcelona,* t. IV, Madrid, 1792, pp. 28—30; cf. le même, *Antiguos tratados de paces y alianzas entre algunos reyes de Aragon y diferentes principes infieles de Asia y Africa, desde el siglo XIII hasta el XV,* Madrid, 1786, pp. 106—9 et le reg. 252, f° 221 v° de l'*Archivo de la Corona de Aragón.*

[2] Jorga, *Mézières,* 36.

II.

Les relations de commerce, d'un côté, les
préoccupations de croisade de Jacques II,
de l'autre, amenèrent entre lui et les souverains d'Arménie une amitié qui se traduisit
par toute sorte de services réciproques.

Le roi Sembat (1286—1298) avait envoyé à
un certain moment à la cour aragonaise un
chevalier „Joannes Lombardus" et un certain
„Jacobus de Arulis", de l'Ordre des Prédi-
cateurs [1]. Le 21 août 1305 le même Domini-
cain, ambassadeur du roi Léon III (1301-1307)
à Rome pour des questions concernant la foi,
était recommandé au pape Clément V par
le roi d'Aragon [2]. A un certain moment même,
il s'en fallut de peu pour qu'une alliance
de famille fût conclue entre les deux dynasties.

Le roi Ochine d'Arménie (1308-1320) aurait
voulu épouser Isabelle, une des filles de Jacques II. Dans ce but il était intervenu auprés
du frère du souverain aragonais, Frédéric II,
roi de Sicile. Cependant, la main de la jeune

---

[1] Finke, II, 742, no 1.
[2] Finke, *ibid.*, note 2.

princesse avait déjà été promise à Frédéric, duc d'Autriche, dont elle devint, du reste, la femme [1].

En 1319 Jacques II, malade de la fièvre, recevait la visite de son fils Jean, promu archevêque de Tolède le même an, [2] et celle de Ramon d'Avinyó, prieur du chapitre de Tarragone, envoyé à la cour par l'archevêque Jiménez de Luna [3].

Connaissant les bonnes relations existant entre le roi d'Aragon et le souverain arménien, ils étaient intervenus auprès de Jacques II pour le décider à demander à Ochine les reliques de sainte Thecla, [4] patronne de la cathédrale de Tarragone [5].

---

[1] Finke, I, 344—5. Pour le mariage d'Isabelle avec Frédéric d'Autriche v. H. Zeissberg, *Elisabeth von Aragonien Gemahlin Friederich des Schönen von Österreich, (Sitzungsb. d. Kais. Akad. d. Wissensch. in Wien, t. CXXXVII /1898/)*

[2] Pour ce fils de Jacques II v. J. Villanueva, *Viage literario a las iglesias de España*, t. XIX, Madrid, 1851, pp. 204—7 et Finke, I, p. XLIII de l'introduction.

[3] Pour ce personnage v. Villanueva, *ibid.*, 200·4.

[4] Fête le 23 septembre. L'affirmation de C. Holzhey *(Die Thekla-Akten, ihre Verbreitung u. Beurteilung in der Kirche, /Veröffentlich. aus dem Kirchenhist. Seminar München II R. n° 7/* München, 1905, pp. 99—100), d'après laquelle on aurait possédé à Tarragone des reliques de cette sainte depuis 633, ne saurait être maintenue, après l'exposé présent. Comme une conséquence de ce qu'il avance là-dessus, H. ne veut pas admettre que le roi d'Arménie ait envoyé en 1323 (sic) une partie du corps de la sainte en Catalogne.
Des églises de Milan, Riga, Saint-Riquier etc. prétendaient posséder aussi des reliques de la sainte asiatique. Holzhey, *loc. cit.*

[5] Il ne s'agissait pas de la cathédrale actuelle de Tarragone, mais bien de la vieille église de Sainte-Thecla (actuellement *Santa Tecla la vieja)* qui servit de cathédrale jusque dans la première moitié du XIVe siècle.
En effet, l'église métropolitaine actuelle fut commencée vers 1170

Donnant suite à leur prière, le souverain expédiait le 4 septembre 1319 le Catalan Simon Salzet, habitant de Barcelone, avec un présent de deux chevaux et des bijoux pour le roi d'Arménie. L'ambassadeur royal était accompagné aussi par deux ecclésiastiques catalans.

Jacques II demandait à Ochine de confier aux deux clercs une partie des reliques de sainte Thecla qu'il aurait voulu partager entre la cathédrale de Tarragone[1] et d'autres églises.

Il le priait même, si le corps de la sainte ne se trouvait pas dans son royaume, de le faire chercher ailleurs [2].

Ochine s'empressa de satisfaire le roi d'Aragon.

L'année suivante Simon Salzet et les deux ecclésiastiques revenaient en Catalogne

Ce ne fut qu'en 1331, donc *après* l'arrivée des reliques de la sainte (v. plus loin p. 15) qu'elle fut consacrée par Jean, fils de Jacques II et archevêque de Tolède. Villanueva, *ibid.*, 104—8.

[1] Dans sa lettre au roi d'Arménie Jacques II répétait la tradition locale d'après laquelle la cathédrale aurait été bâtie depuis plus de 1200 ans. Il est très probable que l'église Sainte-Thecla — car c'est à elle que se rapportait cette tradition (v. n. précéd.) — avait été construite sur l'emplacement d'un temple romain à un moment très reculé. Villanueva, *ibid.*, 103.

[2] *Archivo de la Corona de Aragón*, reg. 246, f⁰ 137; reg. 245, f⁰s 183 v⁰-4, (v. plus loin pièces justificat. n⁰s 3, 4, et 6); cf. Finke, II, 742 n⁰ 5.

La lettre de Jacques II à Ochine a été reproduite aussi dans les *Acta Sanctorum*, (*sept.*, t. VI 564), dans Villanueva, *(ibid.* 833—4) et mentionnée par Finke (II, 742, no. 3).

C'était toujours en Orient, mais cette fois-ci chez le soudan d'Égypte, que Jacques II cherchait en 1322 du bois de la véritable croix, le pantalon (*„lo calze"*) que portait le Christ le jour de la cène et les reliques de sainte Barbe. Finke, II, 756.

accompagnés par des ambassadeurs arméniens. Ils étaient porteurs d'un bras et d'une autre partie du corps de la sainte patronne de Tarragone [1]. En automne ils étaient arrivés à Valence.

Sur ces entrefaites, le roi d'Arménie avait été assassiné avec un de ses neveux par des nobles du pays, ennemis du rapprochement du Saint-Siège dont leur souverain s'était rendu coupable [2].

Sa veuve, la reine Jeanne, fille de Philippe, prince de Tarente [3], et son fils, Léon IV, avaient fait part de la triste nouvelle au roi d'Aragon par les ambassadeurs qui accompagnaient les envoyés catalans.

Le 27 et le 28 novembre Jacques II remerciait le nouveau roi Léon IV (1320-1342) et surtout la reine Jeanne qui avait soutenu la demande du roi d'Aragon auprès d'Ochine [4].

Quelques jours après, le souverain avisait l'archevêque de Tarragone de l'arrivée des ambassadeurs et lui recommandait de recevoir les envoyés arméniens, qui allaient venir dans sa résidence, avec tous les égards [5].

---

[1] Dans les *Acta Sanctorum*, *(ibid*, 564, col. II—556, col. I) on ne parle que du bras de la sainte. Ochine se serait réservé le pouce de sainte Thecla.

[2] Morgan, 214.

[3] Elle était la seconde femme d'Ochine. Celui-ci l'avait épousée en 1317 *L'Armeno-Veneto*, I, 62; Tournebize, 230.

[4] *Archivo de la Corona de Aragón*, reg. 246, f⁰ 136. (v. plus loin pièce justificat. no. 5); cf. la brève analyse de la lettre adressée à la reine Jeanne dans Finke, (II, 742, n⁰ 4).

[5] Le roi, qui leur avait déjà fait des cadeaux, recommandait à l'ar-

Le précieux envoi d'Ochine ne pénétra cependant dans la ville que l'année suivante probablement le 19 juin [1].

Le roi et ses fils, l'archevêque Jiménez, un grand nombre de nobles et des milliers d'ecclésiastiques firent parti de l'imposante procession qui accompagna les reliques à la cathédrale. Divers miracles auraient marqué l'arrivée tant attendue de la sainte patronne dans sa ville [2].

L'événement eut un épilogue assez banal.

L'archevêque, le prieur et le chapitre de la ville avaient promis à Simon Salzet, avant son long voyage vers l'Arménie, une rente annuelle de mille sous de Barcelone.

L'engagement avait été respecté jusqu'en

chevêque de leur en offrir aussi, jusqu'à une valeur d'au moins trois mille sous.

Archivo de la Corona de Aragón, reg. 246, fo 137 (v. pièce justificat. no. 6); cf. la brève analyse — qui n'est pas trop exacte — de Finke, (II, 742, no. 5).

[1]) Dans les *Acta Sanctorum (ibid.,* 565, col. I) on donne comme date de l'arrivée des reliques dans la ville le dimanche 19 juin, 1323. L'année est fautive, sans aucun doute, et voici pourquoi : Lorsque le prieur de Tarragone, Ramon d'Avinyó, avait demandé à Jacques II la permission de venir à Valence pour participer au cortège qu'on allait former pour la translation des reliques, le roi lui avait répondu, le 31 décembre 1320, qu'il pouvait s'y présenter vers la Pentecôte, l'année suivante. *Archivo de la Corona de Aragón,* reg. 246, f 152.

D'autre part, le 22 avril 1321 l'archevêque de Tarragone invitait les „jurati et probi homines" des alentours de la ville de participer en grande nombre au cortège qui allait accompagner *prochainement* les reliques. Villanueva, *ibid.,* 203, 235. (V. croit aussi qu'on avait retardé la translation de deux ans).

Enfin, le 13 février 1323 les reliques sont présentées comme se trouvant déjà dans la cathédrale de Tarragone, (v. n. 1 de la p. suiv.)

[2] *Acta Sanct.,* loc. cit.

1323. Mais comme pendant cette année Salzet
ne fut plus payé, il se vit obligé de se plaindre
au roi, lequel, à son tour, intervenait en faveur de l'ancien ambassadeur auprès de Jiménez de Luna, de Ramon d'Avinyó et du
chapitre de Tarragone [1].

* * *

La dernière trace de relations entre le roi
d'Aragon et l'Arménie nous est révélée par
une lettre que Jacques II expédiait le 1
septembre 1326 au roi Léon IV.

En sa qualité d'ami et d'ancien promoteur
de croisade, il se réjouissait d'apprendre du
procurateur en Occident du roi d'Arménie,
un certain Thomas de Tripoli, que le Grand-
Maître de l'Ordre de Saint-Jean, Hélion de
Villeneuve, Louis de Clermont [2] et quelques
autres nobles allaient lui venir en aide [3].

L'année suivante Jacques II mourait.

Relations de commerce, liaisons établies
par l'esprit de croisade qui engendrera des

---

[1] *Archivo dela Corona de Aragón*, reg. 181, fo 154, (v. plus loin
pièce justificat. no 7).

[2] Louis, le fils du comte de Clermont, et Jean de Charolais avaient eu l'intention de partir à la croisade depuis 1316.

Mais à cette occassion ils furent retenus en France par la révolte
des Pastoureaux. Jorga, *Mézières*, 36. V. aussi pour Louis de Clermont en relation avec les tentatives de croisade en 1316 et 1323,
Finke, I, 223—4, 399, 489.

[3] *Archivo de la Corona de Aragón*, reg. 249, fo 218, (v. plus
loin pièce justificat: no 8).

expéditions pendant des siècles encore, tout cela démontre que l'Arménie et la Catalagne n'étaient guère empêchées par la distance de se bien connaître au moins depuis le XIII-e siècle.

On vénère, aujourd'hui encore, à Tarragone les reliques apportées en Catalogne, il y a plus de six cents ans, par les envoyés du roi Ochine à celui dont il aurait voulu devenir le gendre.

Fontenay-aux-Roses, le 28 septembre 1923

BIBLIOTHÈQUE NATIONALE
R. F.
IMPRIMÉS

Pièces justificatives

I.

Rome, 24 janvier 1298.

Jacques II d'Aragon prie son frère Frédéric II, roi de Sicile, d'ordonner la restitution à certains marchands de la compagnie des Peruzzi du coton d'Arménie chargé sur un navire catalan qu'on avait séquestré dans le port d'Otrante.

Archivo de la Corona de Aragón de Barcelone, *Cartas reales diplomaticas,* no. *297. Minute.*

Brève analyse dans H. Finke, *Acta Aragonensia,* t. II, Berlin-Leipzig 1908, p. 742, n. 4. (quantième fautif).

Ffrater ffratri suo karissimo, salutem et amorem fraternum.

Refferentibus quibusdam mercatoribus de societate Preusiorum, devotis nostris, didi(s)cimus quod cum nuper, infra annum presentem, quedam navis Bonanati de Tornavellis, Cathalani, fidelis nostri, de partibus Erminie veniens, in qua pro parte eorum magna cotoni quantitas extiterat honerata, fiducialiter

portum aplicasset Ydronti, capitaneus tunc pro
parte vestra in dicta cocca existens, inffra
dictum portum vel prope, navim cepit, eandem cum dicto cotono et aliis rebus et mercibus honeratis in ea, ipsam penes se retinens
seu curie vestre faciens assignari, cunque
devoti ipsi sperent apud vos de nostra in-
tercessione favorem, Ffraternitatem Vestram
rogamus attente, quatenus devotes eosdem,
cum ad vestram venerint presenciam recom-
mendatos habentes, dictum cotonum et alia
quecunque de dicta navi sic accepta, eis re-
stitui, si placet, absque diminucione qualibet,
faciatis, nostri honoris intuitu et precaminum
interventu. Erit quippe hoc nostris affectibus
valde gratum et regraciamur vobis multum.

Datum Rome ·ix°· Kalendas ffebruarii, anno
Domini millesimo ·ccc°· nonogesimo (sic) sexto.

Au v°: Ffratri suo karissimo.

II.

Lérida, 23 juillet 1297.

*Jacques II d'Aragon prie le roi Hétoum II
d'Arménie ou son remplaçant de respécter envers
certains marchands catalans les préscriptions d'un
privilège commercial accordé par Léon II.*

Archivo de la Corona de Aragón, reg. 252,
f°s 168 v° -9.

Illustrissimo et magnifico principi, domino

Baro Ayto, Dei gracia regi Erminie, vel eius vices gerenti, Ja[cobus], per eandem rex etc., salutem et prosperos ad vota successus cum continuo incremento.

Accedentes ad nostram presenciam mercatores et gentes alie terre nostre, in vestris partibus navigantes, vive vocis oraculo expresserunt franquitates, libertates et immunitates ac gracias quas ipsis, antecessorum nostrorum et nostri amoris et honoris intuitu, vos et antecessores vestri exhibustis et exibere continue non cessatis.

Propter que, ad acciones graciarum multiplices assurgentes, regiam Serenitatem Vestram atencius deprecamur, quatenus mercatores, marinarios et alios de terra nostra proximo navigare debentes ad partes vestri dominii in navi Guillelmi Petri de Ferrerons, fidelis civis nostri barchinonensis, necnon et gentes alias terre nostre, in navibus aliis, de partibus nostri dominii ad vestras partes navigare coniungentes, cum omnibus mercibus et rebus eorum in vestra proteccione et custodia speciali habere dignemini comendatos ac eisdem observetis et observari mandetis et faciatis privilegia, franquitates et immunitates, per inclitum dominum Baro Livo, bone memorie regem Erminie, patrem vestrum, eisdem concessis, quibus usi sunt temporibus retroactis, non obstante eo, si placet, quod [1]

---

1 ms : quia.

instrumentum ex ipsis privilegiis confectum hostendere non possent. cum sint causa racionabili impediti, pro eo quia quidam mercatores navigantes in quadam navi barchinonensi ad partes Erminie supradictas pro hostendendis libertatibus et franquitatibus supradictis, asportaverunt secum privilegium supradictum, cum ipsius transumptum habere non possent, quia in terra nostra per aliquem trans[sumi] non potuit, cum erit scripta (sic) Erminiorum littera que apud omnes in nostris partibus penitus ignoratur.

Et postea ipsa navis in qua erat privilegium supradictum, non ad partes Erminie, sed ad partes Romanie, ut didi(s)cimus, navigavit. Set quam primum privilegium predictum haberi poterit, Excellencie Vestre protinus transmitetur, ut inde valeat plenius informari, licet de ipso constare posset per registra dicti domini regis Baro Livo, bone memorie patris vestri.

Pro predictis autem Celsitudini Vestre plenius exponendis et eciam obtinendis, ad supplicacionen predictorum fidelium et subditorum mercatorum et aliarum gentium nostrarum, fidelem nostrum P[etrum] Alberti, de domo nostra, ad Vestram Serenitatem providimus destinandum, magnificentiam vestram atencius deprecantes, quatenus dictum P[etrum] benigne recipere et in eis que pro parte nostra super predictis refferre curaverit, velitis favorabiliter exaudire. Si que in partibus nostris Vestre Celsitudini complacebunt, nobis fiducialiter rescribatis.

Datum Ilerde, ·x· kalendas Augusti, anno predicto [1297].

> Bernardus de Aversone, ex mandato predicto.

III.

Barcelone, 4 septembre 1319.

Jacques II d'Aragon donne au roi Ochine d'Arménie des nouvelles sur sa santé et sur celle de sa famille, lui en demande autant et l'avise de l'envoi d'un ambassadeur avec des cadeaux.

Archivo dela Corona de Aragón, reg. 245, fº 183 vº.

Illustri et magnifico principi, amico nostro karissimo, Onssino, Dei gracia regi Armenie, Ja[cobus], eadem gracia, etc., prosperorum incrementum successuum cum salute.

Ex intima dileccionis constancia que inter vos et nos pullulare ab aliquibus citra temporibus incohavit quamque indissolubilitatis vires assumere et continuis actibus reflorere, intimis desideriis affectamus, vobis, ut speciali amico, statum nostrum et inclitorum liberorum nostrorum nobis karissimorum, proposuimus nunc et quociens se opportunitas obtulerit, intimare, tenentes e firmo quod id sic vestris complacebit affectibus sicut complaceret et nostris, si de vobis ac illustri domina regifia, coniuge vestra, prospera audiremus.

Igitur; presencium serie Vestre Magnificencie intimamus quod, licet quartane febris discrasia nos, sicut Deo placuit, aliquo arripuerit corporice, attamen faventis salutis accione ac eius pia operante gracia, convalescenciam salutarem assumpsimus, adeo quod, sicut speramus in Domino, status noster incolumis reformabitur et resanietur pristine sanitati.

Status vero predictorum nostrorum liberorum, per Dei graciam, consistit incolumis ac plena perfruitur sanitate. Serenitatem Vestram attente rogantes quatinus, dum se facultas obtulerit, nobis statum vestrum et predicte domine regine, coniugis vestre, quam prospere audire cupimus, litteris vestris intimatis.

Sane, quia per Simonem Salzeti, fidelem et subditum nostrum, quem ad vos destinandum providimus, equos duos et quedam jocalia, licet exigua, Magnificencie Vestre mitamus, in signum vere amicicie et dileccionis sincere quam erga vos gerimus et gerere proponimus, ea, sicut ab amico placide transmituntur, ut amicus placide acceptetis.

Et si quidem de regnorum nostrorum partibus, etc.

Datum Barchinone, ·II⁰· nonas septembris,
anno Domini M⁰ CCC⁰ XIX⁰.

Bernardus de Fonte, mandato regis,
facto per prepositum Terrachone.

IV.

Barcelone, 4 septembre 1319.

Jacques II d'Aragon prie le roi Ochine d'Arménie de confier une partie des reliques de sainte Thecla à ses envoyés, afin d'être déposées dans la cathédrale de Tarragone consacrée sous le vocable de cette sainte.

Archivo de la Corona de Aragón, reg. 245, fᵒˢ 183 vᵒ — 4.

Publié avec de légères différences de lecture dans les *Acta Sanct.*, sept. t. VI, *564* et dans I. Villanueva, *Viage literario a las iglesias de España*, t. XIX, Madrid, 1851, pp. 333-4. Mentionné dans Finke, II, 742, nᵒ 3.

Illustri et magnifico principi, amico nostro karissimo, Onssino, Dei gracia regi Armenie, Ja[cobus] etc.

Serenitati Vestre presencium serie notum fiat, noviter, ex fidedignorum relatibus, ad nostrum pervenisse auditum quod corpus beate Tecle virginis, seu pars ipsius corporis, habetur in partibus regni vestri.

Sane, cum in civitate Terrachone, infra regni nostri limites situata, metropolitana ec-

clesia sub ipsius beate Tecle titulo sit fun-
data, cuius fundacio a predecessoribus nostris inicium habuit ab antiquo, anxia nos
devocionis cura sollicitat ut, quia prefata metropolitana que multum honorabilis est que-
que multa in hiis partibus antiquitate pre-
fertur, adeo quod ab eius fundacione citra
anni mille ·cc· et ultra lapsi sunt, ut certis
comperitur scripturis, intitulata est sub predicte virginis nomine, aliqua de eius reliquiis
in pretacta ecclesia haberentur, ex quibus et
nostra ac suditorum nostrorum cunctorum de-
clinancium ad has partes fidelium erga ipsam
virginem devocio augeretur, fides reforcia-
re(n)tur eique honor et reverencia intencius
preberentur. Et, si hoc vigilanter apetimus,
devote agimus quod est pium, predecessorum
nostrorum insequentes vestigia, qui pie et
devote antefatam metropolitanam ecclesiam
sub nomine prefate virginis fundaverunt.

Igitur, Serenitatem et caram Amiciciam
Vestram precordiali et intima affeccione, prout
charius possumus, deprecamur, quatenus, ob
honorem et reverenciam omnipotentis Dei, ac
exaltacionem et gloriam predicte beate Tecle
virginis, attento quod nedum ad huiusmodi
reliquias in hiis partibus, verum eciam ad
totum ipsius virginis corpus erga partes, ubi
tumulatum quiescit, harum parcium fidelium
incolarum devocio peraugebitur, necnon, ob
specialem nostri graciam et amorem, velitis
et placeat nobis de reliquiis predicte beate

virginis aliquam magnam partem transmitere, de qua, nedum prefatam metropolitanam, verum eciam alias cathedrales ecclesias et suffraganeas ornare et honorificare, ad honorem et exaltacionem Domini nostri et predicte beate virginis ac devocionem et meritum nostri omniumque fidelium valeamus.

Et, si forte sub districtu vestro prefatum corpus seu eius reliquie non habentur, placeat Serenitati Vestre de hiis procurare habere, totaliter, cum effectu, nobis, ut premititur, transmitendis, credentes, si libet, circa hec hiis que Simon Salzeti, subditus et fidelis noster, lator presencium, quem propter hoc ad vestram destinamus presenciam, duxerit verbaliter referenda.

Porro, quia huiusmodi sanctuaria non sic honeste possunt per laycos, sicut per clericos ministrari, propterea duos clericos, presbiteros nostros, utique honeste vite et conversacionis, laudabiliter predicte Terrachone ecclesie beneficiatos, ad partes vestras, una cum dicto Simone providimus destinandos, qui predictas reliquias, sub sigillo vestro, devote recipiant easque honeste tractent et ad nos deferant simul cum nostro nuncio supradicto.

Ex hoc quippe et Deo, et predicte virgini gratum reddetis obsequium, et bonorum que proinde subsequentur operum efficiemini participes nosque id vehementer habebimus placidum et regraciabimur vobis multum in agendisque vobis placidis reputabimus pro hoc specialius nos astrictos.

Datum , Barchinone, ·II· nonas septembris, anno Domini M°CCC°XIX°.

Bernardus de Fonte, mandato
regis, facto per prepositum
Terrachone.

Ibid. f° 184.

Même lieu, même date. Jacques II recommande son ambassadeur au roi Henri de Chypre et de Jérusalem.

V.

Valence, 28 novembre 1320.

Jacques II d'Aragon avise le roi Léon d'Arménie de, l'arrivée des reliques de sainte Thecla, envoyées par son père, et se montre prêt à servir à son tour le nouveau souverain.

Archivo de la Corona de Aragón, reg. 246,
f° 136.

Illustri et magnifico principi Leoni, Dei gracia Armenie regi egregio, amico nostro karissimo, Jacobus, per eandem rex Aragonum, etc., salutem, etc.

Magnitudini regie, huius scripti nostri serie, volumus reserari nos, excellentissimi et pre-·clari principis, domini Ossini quondam, felicis recordacionis Armenie regis, genitoris vestri, sollempnes et honorabiles litteras ac nuncios apportantes karissimas ac sacratissimas reliquias gloriose virginis Tecle protomartiris, grata manu ac honore et reverencia debitis recepisse, quas siquidem tante virginis alme reliquias, de antefati quondam progenitoris vestri magnificencia confidentes, ab ipso rege, cuius anima, per Summi Regis graciam, in gloria requiescat, miseramus cum devota instancia postulandas.

Ex quarum siquidem reliquiarum missione, rex inclite, nostrum regale culmen et cordis intimis, suo satisfacto desiderio, indesinenter exultat. Et certe ex hiis evidenter cognoscimus ingentem affeccionem et veram ac sinceram dileccionem quibus dictus illustris rex ad nos afficiebatur, idem nunc in apertum produxit nobis tam karam tamque preciosam rem destinando.

Et utinam Altissimus sibi ulteriorem dierum terminum indulsisset, ut nos sibi potuissemus, ut decuisset, pro tanto munere respondere !

Et ad huc non intendimus tanti accepti muneris tantique signi dileccionis hostense fore immemores, quin pocius id vobis, qui in eius locum successistis, recognoscere intendimus, habentes vos tanquam fratrem et filium ac vobis offerentes ut de nobis et regnis nostris in omnibus que ad honorem et exaltacionem vestram et regni vestri Armenie cedere possint, plenam geratis fiduciam.

Ceterum, constet vobis, rex preclare, quod dicte preciose reliquie per nos collocabuntur et reponentur cum maxima sollempnitate et reverencia in loco sancto et honorabili, confidentes in Summi Regis virtute quod, licet reliquie ipse a regno vestro fuerint prolongate, vobis semper aderunt propinque et earum virtus erit in auxilium et proteccionem vestri et regni vestri Armenie.

Il est prêt à le servir à son tour. Sa famille est en bonne santé, son royaume tranquille. Il attend de ses nouvelles.

Litteras autem responsivas, quas dictus rex inclite recordacionis, pater vester, honorabili et karissimo filio nostro Johanni, divina providencia toletano archiepiscopo, destinabat, dicti nuncii in nostris manibus resignarunt. Et nos faciemus quod littere ipse ad archiepiscopum, nunc procul a nobis constitutum pervenient.

Datum Valencie ·v°· kalendas [1] decembris, anno Domini M° CCC° XX°·.

Franciscus de Basti[da], mandato regis, et fuit ei lecta.

---

[1] Dans le ms. *nonas.* Mais „*[die] V° nonas decembris"* correspondrait exactement aux calendes de décembre. D'autre part, la lettre, ayant le même objet, envoyée à la reine Jeanne d'Arménie (v. plus haut p. 14) porte bien „*v° kalendas* decembris".

VI.

Valence, [4 décembre] [1] *1320.*

Jacques II d'Aragon rappelle à Jiménez de Luna, archevêque de Tarragone, les circonstances dans lesquelles il avait été amené à demander au roi d'Arménie les reliques de sainte Thecla, l'avise de leur arrivée à Valence et lui donne des instructions pour la réception des ambassadeurs arméniens qui allaient vers sa résidence.

> Archivo de la Corona de Aragón, reg. 246
> f° 137.

Brève analyse dans Finke, II, 742, no. 4.

Ja[cobus] etc., reverendo in Christo patri Eximino, divina providencia archiepiscopo Terrachone, salutem, etc.

Ad vestram memoriam revocamus qualiter olim, dum eciam infirmitate quam passi fuimus anno preterito gravaremur, dilectus noster R[aymondus] de Avinione, prepositus dicte sedis, pro parte vestra et tocius capituli, et vir eciam honorabilis Johannes, natus noster karissimus, nunc arhiepiscopus toletanus, suis penes nos supplicacionibus instituerunt et cum instancia maxima postularunt ut cum, tam fama publica, quam quorundam relacione veridica nosceretur illustrem regem Armenie habere reliquias aliquas sacri corporis

---

1) La date d'après Finke, II, 742, no. 4.

beatissime Tecle, virginis et prothomartiris, sub cuius invocacionis honore ecclesia et altare precipuum vestre metropolis est constitutum... *de les demander à Ochine. Donnant suite à leur prière, il avait envoyé en Arménie Simon „Desalzeto" habitant de Barcelone. Le roi trouvant* „in dictis vel aliis mundi partibus" *un bras et une autre partie du corps de la sainte, les avait expediés en Aragon. Jacques II avait décidé de les envoyer à Tarragone. Il avait déjà fait des cadeaux aux ambassadeurs. Considérant l'honneur fait à l'archevêque, au chapitre et à la ville, les envoyés arméniens devaient être reçus à Tarragone avec allégresse. L'archevêque, le chapitre et la ville étaient invité à leur faire des cadeux qui devaient monter au moins à trois mille sous. De même on devait servir à l'ambassadeur catalan, au moment où le roi allait arriver à Tarragone, les sommes qu'on lui avait promises.*

VII.

Barcelone, 13 février 1323.

Jacques II d'Aragon recommande à Jiménez de Luna, archevêque de Tarragone, au prieur et au chapitre de la cathédrale de cette ville de respecter les engagements pris envers l'ambassadeur royal qui était allé en Arménie pour demander au roi les reliques de sainte Thecla.

Archivo de la Corona de Aragón, reg. 181, fº 154.

Jacobus, etc., reverendo in Christo patri, Eximino, divina providencia terrachonensi arhiepiscopo, ac venerabilibus et dilectis preposito et capitulo eiusdem ecclesie, etc.

Adiens presenciam nostram fidelis noster Simon Salzet, civis Barchinone, sua nobis informacione querula demonstravit quod, quanquam in remuneracione servicii per ipsum dicte terrachonensi ecclesie impensi in procurando et aportando reliquias beatissime Tecle, virginis et protomartiris, assignati fuissent in violarium eiusdem mille solidi barchinonenses annuales super redditibus quos prepositura terrachonensis recipit in loco de Cambrils, et in ipsis mille solidis per biennium pacifice per dictum capitulum fuit satisfactum, attamen nunc super perceptione eorundem inquietacio prestatur eidem.

Cum igitur idem Simon nobis humiliter supplicaverit, ut nos, cui dicte reliquie per regem Erminie misse fuerunt quique eas vestre terrachonensi ecclesie obtulimus, dignemur super premissis sibi salubriter providere..., *il lui ordonne de satisfaire Simon Salzet, digne d'une récompense plus considérable encore.*

VIII.

Barcelone, 1 septembre 1326.

Le roi Jacques II d'Aragon exprime à Léon

IV d'Arménie la joie qu'il avait éprouvée en apprenant que le Grand-Maître de l'Ordre de Saint-Jean de Jérusalem et Louis de Clermont, accompagnés par quelques nobles, allaient lui venir en aide.

Archivo de la Corona de Aragón, reg. 249, fᵒ 218.

Analyse dans Finke, II, 742, no. 6.

Illustri et magnifico principi, domino Leoni, Dei gracia regi Armenie, amico nostro karissimo, Ja[cobus], per eandem Dei graciam rex Aragonum, etc. salutem et exhuberanciam succesuum votivorum.

Ingredientes culminis nostre presenciam discretus vir Thomas de Tripoli, Vestre Excellencie in cismarinis partibus procurator et nuncius, nobis retulit qualiter inclitus vir Ludovicus de Claramonte et eciam magister Hordinis Hospitalis cum nonnulis nobilibus ad partes regni vestri, pro tutela et defensione eiusdem, potenter transfretare proponunt. Et siquidem novit Altissimus, [hec] affectibus nostris grata plurimum accesserunt, cum vos, quem loco filii habemus, et regnum vestrum, quod tota christicolarum vesceracio karum habere debet, intimo diligamus affectu.

Sane de statu vestro — utinam felice! — audire nova prospera cupientes, Magnificenciam Vestram rogamus, quatenus status vestri continenciam nobis, cum licuerit, rescribatis.

Et si de nobis scire cupitis, vobis presentibus nunciamus, quod in harum confeccione, divino munere, cum tota regia domo nostra fruimur sospitate.

Datum Barchinone, kalendas septembris, anno Domini millesimo ·cccxx°· sexto.

Franciscus de Basti[da], mandato regis.

Prix 3 francs

BIBLIOTHEQUE NATIONALE DE FRANCE

3 7531 01880765 2

www.ingramcontent.com/pod-product-compliance
Lightning Source LLC
LaVergne TN
LVHW010443060726
842527LV00005B/1658